Eloise Alamele

Poèmes à mon Bien-Aimée

Eloise Alamele

Poèmes à mon Bien-Aimée

Les expressions du cœur d'une fidèle à son Seigneur

Éditions Croix du Salut

Cover image: www.ingimage.com

Publisher:
Éditions Croix du Salut
is a trademark of
Dodo Books Indian Ocean Ltd. and OmniScriptum S.R.L publishing group

120 High Road, East Finchley, London, N2 9ED, United Kingdom
Str. Armeneasca 28/1, office 1, Chisinau MD-2012, Republic of Moldova, Europe
Printed at: see last page
ISBN: 978-620-6-16824-9

ALAMELE Éloïse
31 rue d'Alger
13006 Marseille France
Tél : 07.63.37.00.07
Mail : a.eloise@hotmail.fr

Manuscrit de Recueil de Poèmes de ALAMELE Éloïse : Poèmes à mon Bien-Aimé.

Nombre de page : 54 pages.

Nombre de poèmes : 54 poèmes.

Seigneur Dieu, tu as ouvert mon cœur,
Car mon âme exalte le Seigneur !
Bénis sois-Tu, Ô Éternel !
Je sais qu'au loin c'est Toi qui m'appelles.

Bénis sois-Tu, Ô Très Haut !
Que Ta puissance qui vient des cieux,
Me garde toujours dans ton repos.
Afin, que le jour je puisses suivre tes préceptes toujours de mon mieux.

Bénis sois-Tu Dieu Éternel !
Ta bonté est si grande !
Que Ta gloire est si belle !
Que Ta loi et Ta justice sont si bonnes !

Je déclare : louange et gloire à Dieu !
Bénis sois Celui qui règne dans les cieux !
Ta victoire est sainte !
Donne-moi la sagesse de suivre Tes préceptes.

Je rends grâce à Dieu !
Dieu glorieux et victorieux.

Sur le chemin de Croix, je t'ai rencontré Seigneur.
Depuis les cieux, Tu m'as conduit jusqu'à Toi.
Sur le haut de la montagne, tu as posé ton regard sur moi.
Je suis venue ici pour te rendre gloire, Ô mon Dieu.

Je vénérerais Ta Parole.
Je garde dans mon cœur Tes préceptes.
Afin que dans Ton royaume, Tu m'acceptes.
Depuis, la création Tu as fait pour moi des merveilles.

Puisses-Tu, mon Dieu, toujours être près de mes pas.
Pour que je ne me détache jamais de Toi.
Bénis sois-Tu, Ô mon Dieu !
Je crierais ton Nom par-dessus les sommets des montagnes.
Pour Te célébrer par mis tous les anges.

Abba, Adonaï, Dieu tout Puissant.
Que s'accomplisse toutes tes commandements.

L'Éternel est mon amour,
Avec Lui je suis heureuse tous les jours.
L'Éternel est mon allié,
Avec Lui je suis en sécurité.
L'Éternel est mon bouclier,
Il est le gardien de mon sentier.
Avec Lui j'ai tellement de joie et d'amour,
Je le louerais la nuit et le jour.
Il m'a donné la liberté,
Il m'a donné sa Paix,
Il est le Dieu de l'éternité !
Il est le Dieu vivant !
Il est mon Dieu d'amour !
Parce qu'il est Lui-même Amour.

Mon amour pour Toi Éternel,
Est aussi grand que le ciel.
Aussi beau que Ta coupe,
Aussi fort que le soleil.

Mon adoration pour Toi Éternel,
est aussi vaste que l'océan.
J'admire toutes Tes merveilles,
Et je m'incline devant Toi, Le Tout Puissant.

Toi seul est vrai,
Car Tu es le Dieu de vérité.
Toi seul est juste,
Car Ta loi est justice.

Par ta main, Tu me rends prude,
Par Ta parole, je deviens pure.
Dieu, Tu es sans limite,
Tu n'as ni rival ni égal.

Ô Toi, Dieu de l'univers, je T'aime !
Toi seul est éternel et me rend belle !

Gloire à Dieu !
Gloire au Nom de Dieu !
Gloire à Son autorité divine !
Gloire à sa Majesté si saint !
Gloire à son Omniscience !
Gloire à son Omniprésence !
Oui, c'est le Dieu omnipotent !
Il est là dans l'avenir, le passé et le présent !

Louange et gloire au Roi des anges !
Louange à sa résurrection !
Louange à sa Passion !
Il est le Roi de victoire !
Il nous a redonné l'espoir !
Il me parle dans mes songes.
Pour qu'auprès de Lui, je me range.
Louange et gloire à Jésus-Christ
Prince et Roi de tous les temps.

À présent, Seigneur tout Puissant,
Reçois entre Tes mains mon adoration.

Dans mon âme éperdue,
C'est Toi qui règnes, Seigneur Dieu du ciel.
Au milieu de ce grand désert où je me suis perdu,
C'est Toi que je retrouve Éternel.

Tu guides mes pas jusqu'à Toi.
Toute la terre est à Toi.
Ta parole, Seigneur me ramène toujours vers Toi.
Ta main est pour moi comme un abri et un toit.

Soit le soleil de mon âme.
Soit la lumière qui m'aime.
Soit la promesse de ma vie.
Pour ne jamais me laisser en pleine utopie.

Car c'est Toi le Maître de mon existence.
C'est Toi qui es mon essence.
Dieu, Tu es la source de mon espérance.
Tu veilles sur moi avec une grande patience.

Bénis sois-Tu, ô Dieu du ciel !
Toi qui me donnes des ailes.
Bénis sois-Tu, YHWH mon Dieu !
Toi qui règnes dans l'éternité depuis les cieux.

Ô Dieu créateur,
Tu as vaincu la mort et détruit le péché.
C'est pour ton peuple que je prêche.
Sois pour tes serviteurs notre Dieu protecteur.

Ô Dieu rédempteur,
Par ta victoire au tombeau,
Tu m'as fait connaître ton grand cœur.
Que je puisse, Seigneur être toujours dans ton repos.

Ô Dieu de promesse,
C'est pour glorifier ton Nom que nous célébrons la messe.
C'est par Toi que tout prend vie,
C'est pour Toi que notre amour s'intensifie.

Ô Dieu de victoire,
À Toi le règnes, à Toi la gloire !
À Toi la louange et la magnificence !
C'est par Toi mon Dieu, que subsiste l'espérance.

Seigneur, quand tu parles
Toute la création est sous tes ordres.
C'est par ta grâce que tout existe.
C'est par ta parole que tout subsiste.
Dieu règne sur ton peuple,
Éloigne de nous toutes traces du mal.
Pour que nos prières te glorifient,
Pour que les planètes devant toi s'alignent,
Pour que les chants de nos louanges pour Toi s'affirment,
Pour que toutes tes créatures Te suivent.
Pour que Ta volonté parvienne jusqu'à nous,
Pour que Ton royaume s'ouvre pour nous.
Pour que la vie en Toi se renouvelle encore et encore,
Pour que nous soyons réunis dans Ton amour d'un commun accord,
Pour que les monts et les montagnes devant Toi s'inclinent,
Pour que le vent nous porte toujours vers Ta direction,
Pour que toutes les galaxies acclament ton Saint Nom,
Pour que nous connaissons la gloire de Ta résurrection,
Pour que la terre tremble sous ton règne,
Pour que Ta victoire soit mienne,
Pour que mon Dieu, je t'appartienne,
Pour que jamais de Toi je ne me sépare,
Pour que dans mon cœur je médite tes préceptes et tes commandements,
Pour que Tu sois toujours mon premier amour,
Et que ton peuple T'adore pour toujours.

Je me refuse d'avoir peur,
Le Seigneur est mon protecteur.
Dieu est mon sauveur,
Avec Lui, je ne connais pas ni la terreur, ni la peur.
Dieu est mon arme contre mes ennemis,
Il est le Dieu guerrier qui ne laisse pas les méchants impunis.
Avec Lui, survivent les droits et les justes.
Rien ne résiste à sa justice, à ses préceptes.

Louange et gloire au Seigneur au plus haut des cieux !
Que ceux qui le suivent soient heureux !

Dieu est la source d'eau au milieu du désert.
C'est en Lui que j'espère.
Il porte mon fardeau,
Par Lui, se calme vent et eau.
Je recherche son amour avec ardeur.
Par sa grâce, je connais enfin le bonheur.

Bénis sois le Seigneur !
J'invoque son Nom ;
Plus d'angoisse, plus de peur, ni de douleur, fini le malheur !

Dans les ténèbres, je ne craindrais pas la solitude,
aucune haine, aucune colère.
Sa lumière en un instant m'éclaire.
Dans mon cœur plus aucune obscurité,
seulement la paix de sa Saint Majesté.

Je me prosterne devant Dieu, mon Seigneur !
Que son règne et sa volonté se fasse dans ma vie et la rende saine.

Je me confie en l'Éternel,
Je Lui donne toutes mes craintes et mes peines.
Je m'abandonne en l'Éternel,
Je Lui remet mes joies et mes espoirs,
Pour que je Lui appartienne.
Je me dévoue à l'Éternel,
Pour Lui mon amour, ma passion, mon adoration.
Je lui offre toutes mon admiration.
J'appartiens à l'Éternel,
À Lui mon corps, mon âme, mon esprit et ma vie.
Je ne me lasse pas de Lui, toujours je le prie.
Je chante et acclame l'Éternel,
Je Lui consacre mes louanges et mes prières.
Je suivrais pour toujours l'Éternel,
Qu'à travers moi, rayonne son règne et sa gloire.

La lumière qui s'élève au-dessus du ciel,
Seigneur c'est toi, Éternel !

Depuis le profond des ténèbres,
Seigneur Dieu, je te cherche
Je veux trouver Ta lumière,
Celle qui efface tous mes défauts.
Illumine-moi de Ta Face, Éternel.
Pour qu'enfin, je puisse goûter à ton repos.
La chaleur de cœur, Seigneur
enlève de mon dos tous mes fardeaux.

La lumière qui s'élève au-dessus du ciel,
Seigneur c'est toi, Éternel !

Dans l'obscurité, je n'ai plus peur,
C'est Toi Dieu, qui m'a sortie de ma torpeur.
Avec Toi mon Dieu, je ne crains plus rien,
Plus aucuns mauvais bruits, plus aucuns mauvais sons
Dans mes pensées, juste Ta clarté immense.
Dieu, je crois en Toi,
Et je ne ressens plus aucunes mauvaises émotions.
Que de l'amour venant de Toi,
Que de la joie pour Toi,
Que du bonheur avec Toi,
Que de bonté et de grâce par Toi.

La lumière qui s'élève au-dessus du ciel,
Seigneur c'est toi, Éternel !

Dès que je prononce ton Nom,
Je me sens déjà en confiance,
Je ressens instantanément Ta présence,
Seigneur, puissant est Ton Saint Nom.

Tu es le Dieu de mon cœur,
Je T'aime avec ardeur.
Tu m'as marqué avant même que j'existe.
Sous Ton voile étincelant, je m'abrite.

En Ta présence, je me sens en sécurité.
Faites que de Toi je ne sois jamais séparé.
Ton amour a transpercé mon âme.
Il n'y a que Toi dans ce monde que j'acclame.

Je suis petite dans cet univers,
Seigneur sans Toi je me perds.
Ta grâce est ma lumière.
Si Tu n'étais pas avec moi,
Seigneur dans les ténèbres j'errerais.

Ta volonté crée des merveilles,
Tu es l'étoile de ma nuit,
Le salut que j'attendais jour et nuit.
Ton souffre a formé les nuages dans le ciel,
C'est au-dessus d'eux que sur moi Tu veilles.

Ta bonté raisonne dans ma tête,
C'est avec fierté que tes instructions j'accepte.
Seigneur fais-moi tienne,
Pour que toute l'éternité je T'appartienne.

Malgré le doute qui m'habite,
Je crois en Toi Seigneur.
Et même si j'ai peur,
C'est dans Ton Amour que je m'abrite.
Car je sais qu'au final c'est dans ton repos que je résiderai.
Mon Dieu tout en moi veut d'adorer.

Dans la tempête de mon cœur,
Dieu, je t'en prie vient me sauver !
Donne-moi le courage pour que je me batte.
Donne-moi la force pour qu'aucun mal ne me frappe.
De Ton secours, mon Dieu j'ai hâte.
De Ta victoire, Seigneur je m'exalte.

Je suis prête à tout Te donner,
Je suis prête à tout abandonner,
Pour Toi mon Dieu je ferais absolument tout,
Pour Ton Amour j'accepte tout !
Pourvue que je sois avec Toi mon Dieu !
Pourvue que je Te rende gloire mon Dieu.

Lorsque je suis brisée,
Dieu Tu es venue me sauver.
Viens à mon secours YHWH !
Ils m'ont enlevé ma liberté !

Ils m'entourent et m'étouffe.
Mais Seigneur Tu m'as redonné le souffle.
Tu m'as donné la guérison dans ton pardon.
Me délivrant du péché, Tu m'as fait retrouver la raison.

Tu me protéger contre mes ennemis.
Maintenant je sais que plus rien ne peut me nuire.
Mon Dieu Tu es mon espoir,
Je me remets entièrement en Toi.

Je ne m'arrêterai pas de Te prier.
J'ai besoin de Toi mon Dieu,
Je ne pourrais pas vivre sans Toi Seigneur,
Mon cœur déborde d'adoration pour Toi,
Je T'en supplie de me délaisser pas.

Je me lève chaque matin pour T'adorer.
Je veux pouvoir Te glorifier.
Continuer de T'aimer malgré les difficultés.
Marcher à Tes cotes et ne pas me séparer.
Dans ton amour, me restaure.
Revivre sans cesser Ta victoire.
J'attends que Tu m'exauces.
Pour que mon âme T'exalte.
S'exécute sous Ta Parole.
S'incline devant ta Puissance.
Plie sous Ta Volonté.
Tremblée face à Ta Colère.
Se libérer par Ta Bonté.
Ne soit plus triste car Dieu Tues mon créateur.
Ne permets pas que de Toi je m'éloigne,
Car Toi seul est le Seigneur !

J’exalte le Seigneur Dieu mon sauveur,
Car c’est Lui qui m’exauce.
J’offre mon âme à mon Créateur,
À Lui la gloire, à Lui l’honneur !
Il m’a envoyé en exode.
Sans crainte je pars, sous l’abri du Dieu protecteur.
Il ne m’arrivera rien, je ne craindrai rien.
Par sa Grâce je deviens saint.
J’évolue vers cette nouvelle terre, cette nouvelle vie.
En Lui je m’épanouis et me réjouis.
Seigneur Dieu je Te remercie.
Car c’est Toi qui me bénis.

Quand je vois les merveilles que Tu as crée,
Je ne veux que Te glorifier.
J'admire toute Ta Création.
Je veux me purifier pour Ton Saint Nom.
Accomplir toutes Tes volontés.
M'abandonner a Sa Sainte Majesté.
Bénis sois Tu YHWH !
Louange et gloire à Tétragrammaton !
Unique, seul et vrai Dieu de tous les temps.

Au nom de Jésus,
Je rends gloire à Dieu,
Au Nom de Jésus,
Je me prosterne devant Dieu,
Au Nom de Jésus,
Je suis délivrée du péché,
Au Nom de Jésus,
Je ne suis plus condamnée,
Au Nom de Jésus,
Je suis libérée,
Au Nom de Jésus,
Je crois et m'incline devant YHWH.

Par la Croix de mon Sauveur,
Je connais le Seigneur.
Par le Sang de l'Agneau,
Je peux m'abreuver de son Eau.
Par le Nom du Christ,
Je m'incline et je pries.

Béni et louange à Jésus,
Jusqu'au cieux je veux Te suivre,
Pratiquer Ta Sainte Parole,
Adorer le Seigneur,
Glorifier son Nom,
Contempler son Règne,
Retourner dans sa Maison.

Ô mon Jésus !
Tu es bien plus qu'un prophète,
Tu es le Messie,
Tu nous as redonné la vie.
Je vois la victoire dans ton Règne,
J'ai espoir en ton Nom,
Car Tu nous as montré ta Résurrection,
Toi le Roi ressuscité.

Dieu m'a donné la vie,
Et je Lui en remercie.
Avant même que j'existais,
Il m'a marqué de son Amour.
Je Lui rendrais grâce pour toujours !
Tous les jours de ma vie, je L 'adorais.

Bénis sois l'Éternel, mon allié !
Avec Lui, je ne serais plus jamais en danger.
Bénis sois l'Éternel, le Dieu de mon amour !
Mon cœur le louera nuits et jours.

Sa fidélité m'a gardé.
Son amour m'a donné la vie.
Sa Miséricorde m'a restauré.
En présence, je serais toujours en sûreté.

Le Seigneur a parlé,
Et j'ai été délivrée.
Le Seigneur est venue,
Et de mes ennemis Il m'a défendue.
Le Seigneur s'est penche,
Et Il m'a consolé.

Plus rien ne pourra m'atteindre,
Car je suis avec l'Éternel.
Plus rien ne pourra me toucher,
Sa flamme de vie brûle en moi.

J'appartiens à l'Éternel.
Il est mon Père, mon âme sœur,
mon amour et ma lumière.

Dieu est fou amoureux de moi,
Seigneur, je suis à Toi.
Je veux tout de Toi.
Je veux tout pour Toi.

Avant même que j'existais,
Tu m'as marqué de ton Amour.
Je Te rendrais grâce pour toujours.
Je te louerais à jamais.

Bénis soit l'amour éternel du Seigneur !
Il est mon âme-sœur.
Bénis soit la Paix de l'Éternel !
C'est le Dieu qui règne au-dessus du ciel.
Gloire à YHWH !
Je veux pour toujours L'adorer.

Dans les ténèbres, j'ai vu Ta lumière.
Je me suis approchée.
Et par le feu de ton Amour, Tu as vaincue mon péché.
Grace à Toi, je suis libérée.
Et à tout jamais je t'adorerais.
Je veux Te servir, Te louer, Te vénérer et T'aimer.
Que ton Saint Nom soit gravé jusqu'au plus profond de mon cœur.
Je m'abandonne à Toi mon Sauveur.
Ta fidélité me conduit vers l'éternité.
Dans ton Amour, je vivrai.
Dans ta Miséricorde, je me laverai.
Pour toujours, je T'appartiens.
Tu me fais respirer et de joie Tu me fais danser.

J'ai prié le Seigneur,
Et Il m'a exaucé.
J'ai crie vers le Seigneur,
Et Il m'a délivré.
Des ténèbres ou je résidais,
Tout est devenu clarté.
Le Seigneur ne m'a jamais abandonné.
Toujours à mes côtés, il est, sera et était.

Il m'a sauvé, Le Seigneur, Il m'a sauvé !
Par Lui, j'ai la liberté.
Il m'a corrigé, sublimé, réparé.
Et jamais ne m'a laissé tomber.

Il est beau Le Seigneur !
Il est glorieux et victorieux !
Grand et Saint est le Nom du Seigneur !
Loué soit Notre Seigneur !

Tremblez les méchants.
Chantez les justes.
Bénissez le Seigneur, tous ses serviteurs.
Car c'est dans la maison du Seigneur que je finirais.

Jésus, Tu es le soleil de ma vie.
La lumière dans l'obscurité.
La main tendue vers moi, pour me relever.
Avec Toi j'ai appris l'amour et la fraternité.
Je T'aime, ô mon Bien-Aimé !
Le Seigneur de mon cœur.
La clarté de mes sombres pensées.
Mon libérateur dans les chaînes du péché.
Pour Toi mon Âme-Soeur, je Te donne ma vie.
Jusqu'à la plus petite entité qui me constitue, je veux T'adorer.
T'aimer jusqu'à m'oublier,
Et dans Tes mains m'abandonner.
Gloire à Toi Jésus.

Je regarde le ciel étoilé,
et je me sens seule et abandonnée.
Je regarde les étoiles qui brillent et scintillent.
Et je me perds dans ce vide infinie.
Je me sens engloutie dans le noir de la nuit.
Mais quelque part, je sais que Tu m'observes.
Tu m'attends et Tu m'appelles.
J'essaie de venir vers Toi, mais je m'égare.
Je veux devenir forte et belle,
Pour mon Dieu d'Amour dans le ciel.
Je veux L'admirer, Le contempler.
Mais devant Lui, je ne suis pas digne de me présenter.
Je me suis trompée de chemin.
Je sens que je marche en vain.
Et j'entends Ta voix au loin,
un réconfort et une promesse ;
Qu'un jour nous serons réunit.
Je sais qu'un jour, je te verrai.
Je Te rencontrerai et me mettrais à tes pieds.
Ce jour-là, je serais éblouie devant Ta Lumière,
Toi, Mon Dieu, le Soleil Éternel.
Mon cœur sera touche par Ta tendresse,
Il me sera plus vide, dure et froid comme l'hiver,
Il sera remplie de Ton Amour, Ta Paix et Ta Charité.

Mon Dieu, mon cœur bat pour Toi,
Entends-Tu le son qu'il fait quand j'entends Ta Voix ?

Mon Seigneur, mon cœur bat pour Toi,
Vois-Tu ses battements quand je Te vois ?

Saint-Esprit, mon cœur bat pour Toi,
Ta présence purifie le sang qui coule en moi.

Boum boum,
C'est le bruit de mon cœur,
L'écho de la douleur,
Boum boum boum boum,
Comme une louange,
un chant d'adoration venu des anges.

Seigneur, marque mon cœur de ta Passion.
Père, impose le rythme de ses pulsations.
Esprit-Saint, augmente l'amour de mon cœur à chaque communion.
Je Te donne mon cœur Dieu unique et saint.
Je te l'offre ainsi que tous mes sens.
Pour que Tu vives en moi,
Que je ne fais qu'un par l'Église de l'Époux Roi.

Le ciel et la terre sont vraiment remplis de Ta gloire!
Dans chaque chose j'y vois ton Amour.
La création resplendit de ta Lumière.
Et même la nuit est comme le jour.

Père Éternel, je te rends grâce pour Tes merveilles.
Tu es le soleil de mon univers.
L'étoile que je recherche.
L'astre qui m'attire.
Le centre de tout,
car tu es le tout de l'infini.

Le matin, des le réveil je veux louer l'Éternel.
Je veux rendre grâce au Dieu du ciel.
Je veux chanter ses merveilles.
Dire au soleil que je L'aime.
Je veux penser à Lui au début du jour.
Ressentir en premier son amour.
L'adorer parce que Lui m'aime.
Mon premier souhait pour la journée :
C'est de louer le Seigneur.
Consacrer ma journée à mon aimée.
L'aurore qui se lever dans mon cœur,
c'est le Seigneur.

Lumière des lumières,
Créateur céleste de tous les univers,
Père de toutes les nations,
Dieu de l'espace et du temps,
Centre de la passion,
nom au dessus de tous les noms,
C'est le Seigneur !

L'Éternel, c'est le Seigneur !
L'Amour, c'est le Seigneur !
La Paix, c'est le Seigneur !
Le Bonheur, c'est le Seigneur !
Le Roi de mon cœur, c'est le Seigneur !

Lorsque je ressens de la mélancolie,
c'est dans ton abris que je me réfugie.
Je fais silence autour de moi.
Je fais taire toutes mes pensées.
Même les plus cachées.
Et je n'écoute que ce doux son venant du Toi.
Et comme si j'arrêtais les battements de mon cœur.
Je cherche le rythme de Ton Cœur.
C'est la mélodie qui m'apaise.
C'est le bruit de ton Amour.
La musique qui me donne la paix.
Un « je T'aime » constamment exprimé.
Et c'est comme si c'est Ton Cœur qui bat en moi.
Il comble le vide intérieur pour ne le remplir que de Toi.
Je préférerais devenir sourd que de ne plus pouvoir l'écouter.
Et s'il n'était pas, tout mon monde s'arrêterait.
Je pries le ciel et la terre pour l'entendre toute l'éternité.
Que le son de ton Cœur ne s'arrête jamais.
C'est comme cela que je sais que tu es près de moi, mon Adoré.

La Lumière s'est levée,
Et je me suis remise à respirer.
J'avais perdu pied,
Le jour s'en était allé.
Je ne savais plus où marcher.
Toutes mes routes étaient sans issues.
Je me suis mise à crier et j'ai couru.
Au final, dans la nuit je ne suis perdue.

Puis je me suis souvenue de ton Nom,
Et mon cœur a chanté Tes louanges.
Ton Sang Précieux s'est répondu dans mes veines,
Et il a chassé toutes mes peines.
Tu as vaincu la mort et le péché dans mon cœur.
Maintenant il ne brûle que de son Amour avec ardeur.
Dans la nuit de mon esprit, Tu es venue me chercher.
Tu y as mis de la joie et de la guetté.

Mes yeux se sont ouvert,
J'ai été éblouie par Ta Majesté.
Ta gloire a guéri toutes mes plaies.
Dans mon moi intérieur, il n'y a plus que Ta Clarté.

Mon Soleil s'est levé.
Mon cœur s'est mis à Te chanté.
Mon être ne cesse de Te loué.
Mes yeux ne font que T'admirer.
Mon âme ne fait que T'adorer.
Grâce à Toi, je sais maintenant ce que c'est d'aimer et d'être aimer.
Par Toi, le jour est devenu éternité.
De Toi, Christ Roi de mon cœur je ne veux plus me séparer.

Je voudrais écrire des lettres d'amour à l'Éternel.
Dire mes plus belles pensées au Dieu du ciel.
Je veux Lui écrire tous les jours mon amour.
Lui montrer à quel point je L'aime.
Je veux Lui chanter des chants que j'aime.
Lui dire des paroles remplies de « je T'aime ».
Des mots aussi doux que le coton.
Pouvoir les graver pour qu'ils résistent au temps.

Je veux déclarer ma flamme au Roi que j'aime.
Je veux Lui ouvrir mon cœur.
Qu'Il le scrute et qu'Il voit le feu à l'intérieur.
Avec quel ardeur il brûle et se consume.
C'est un feu qui ne s'éteint pas.
Non, il grandi à chaque fois que je prononce son Nom.

N'éteint pas ce feu Seigneur !
Ravive le avec ta Parole.
Comme de l'huile qu'on jeté dans les flammes.
Que tout en moi s'enflamme.

Je veux écrire des poèmes d'adoration à l'Esprit Éternel.
Que le vent les emporte jusqu'à Ses oreilles.
Je souhaite dire mon adoration au Consolateur.
Lui dire qu'en sa Présence je n'ai plus peur.
Que je m'abandonne à Lui.
Et qu'Il me guide dans mon abri.

Mon cœur appartient au Seigneur.
Je ne résiste pas et ne me retiens pas.
C'est comme cela, que Dieu je T'aime.
Et que toute ma vie, il en soit ainsi.

Mon cœur crie de douleur,
Les larmes ne s'arrêtent plus de couler.
J'en ai le souffle coupé.
Je souffre de T'avoir offensé.
Je regrette de T'avoir repoussé.
Seigneur, je Te demande pardon pour tous mes péchés.
Les flots du temps n'arrivent pas à les effacer.

Mais Ta Miséricorde me les a fait oublié.
Comme la buée, tu les as essuyé.
Et je renais dans ton Amour.
Tu consumes mes peines pour toujours.
Tu me fais voir des jours nouveaux.
Tu me fais boire l'Eau de Vie,
Pour que je revive dans Ta Présence.
Tu as mis dans mon cœur une espérance.

Seigneur, je Te remercie.
Pour ton Amour et ta Lumière.
Mes yeux voient plus claire.
Et c'est ton visage qui apparaît.
Je ne veux plus m'en détourner.
Pour l'éternité, je veux le contempler.

Dans cette nuit d'hiver où tout semblait perdu,
Notre Sauveur est apparu.
Née d'un amour parfait, dans l'être saint.
Union de perfection,
Telle est le souhait du Dieu Tout-Puissant.
Miracle qui renverse toute la Création.

Dans cette nuit froide et noire,
Est apparu notre espoir.
Pour briser les chaînes qui nous liaient.
Pour la Nouvelle Alliance qui ne sera jamais brisée.

C'est là que le Seigneur montre sa Gloire.
C'est là que tout recommence.
En Lui tout renaît,
Les ténèbres enfin disparaissent à jamais.
Sa lumière pour toujours nous garde dans sa clarté.
Soleil éblouissant de sainteté.
Nous ne mourrons plus sous les coups des fouets.

En cette nuit la Lumière s'est levée.
La Créature a mis au monde son Créateur.
Pour que toutes nos fautes soient réparées.
C'est Ça la vrai Merveille de l'Éternel.
L'Étoile qui est descendu du ciel.
Levons nos yeux et regardons les anges dansés.
Valse de victoire, crie de joie.
Fête dans nos cœurs, où resplendit sa Gloire.

Mes yeux n'avaient jamais vu pareil éclat.
C'est comme si je m'envolais vers les Cieux.
Aspirer par un rayon d'Amour et de Paix.
J'avais perdu pied.
Je suis montée au septième ciel.
Contemplant le visage de mon Seigneur.
Je caresse de mes doigts fins Celui qui est l'infini.
Dans ses yeux est renfermé tout mon bonheur.
Galaxie qui est la Vie.

L'Éternel m'a crée.
C'est Lui qui m'a forme,
Depuis les entrailles de ma mère.
Et entre ses mains a tissé mon âme.
Par sa Lumière il a gravé son amour comme par le fer.
Pour malgré les épreuves, je me souviens qu'Il m'aime.

Lui seul connaît mon cœur,
Lui seul sait mes craintes et peur.
Il sait le poids de mes peines et douleurs.
Il sait le nombre de cicatrices et de larmes.
C'est Lui qui me défend quand je baisse les armes.
Mes victoires et mes échecs, il les connaît par cœur.

Je me lève au milieu de la nuit,
Pour te louer et te prier Seigneur.
Je devance l'aurore,
Pour T'adorer mon Dieu créateur.
Pour Toi je défierais le monde,
Car Tu m'as sauvé, Dieu rédempteur.
C'est seulement Ton regard que je demande.

Dans Ton Cœur, je ne connais plus la peur.
Refuge de paix et de douceur.
Je grave tous tes mots dans mon cœur.
Mon âme se répète sans cesse ta Parole avec ardeur.
Mon esprit chante tes louanges pour mieux connaître ton Amour.
Mes yeux recherchent à contempler ton Visage, nuit et jour.
Seigneur, Te caches-Tu dans les nuages ?
Ta Présence se manifeste dans ma vie depuis mon plus jeune âge.
Et c'est dans le temple de mon cœur que je T'ai trouvé.
Seigneur, c'est près de Toi que je désire rester.

J’écris des mots d’adoration pour mon Dieu vivant.
Qu’ils montent jusqu’à Lui par le vent.
J’écris des poèmes d’amour pour le Dieu de mon cœur.
Que la chaleur Lui montre comme mes sentiments brûlent d’heure en heure.
Je chante des louanges pour mon Sauveur.
Que la terre les Lui exprime par des champs de fleurs.
Je prie le Seigneur de tout mon cœur.
Que la Création tout entière Lui dit qu’Il est mon bonheur.

Mon cœur T'appartient, Seigneur !
Mon cœur T'appartient.
Rythme cardiaque en folie ?
Non, chant de louange au Roi des Cieux.
Que chaque battement soit tiens.
Que chaque pulsation soit une expression de joie.

Seigneur, je voudrais T'offrir tout mon sang.
Le verser à Tes pieds, pour implorer Ton pardon.
Fais mon tiennes, Seigneur !
Je ne désire que Toi, Dieu de mon cœur.

Je veux vivre dans ton Cœur, Seigneur.
Me consumer dans les flammes de Ton Amour.
Me réchauffer par chacun de ses battements.
Ne boire que les flots de Ton Précieux Sang.
Me noyer dans l'Eau de Vie qui s'y répond.
Être submerger par tant d'émotions pour mon Éternel Amant.

Que les flux de mes veines invoquent Ta Puissance.
Que le son de mes ventricules glorifient Ton Nom.
Comme ton Amour donne à ma vie un sens.
Comme il fait monter mon âme, au dessus des monts.

Mon Dieu, je T'aime tellement.
Que mon amour pour Toi s'intensifie au fur et à mesure du temps.

Quand je pense aux yeux de mon Dieu,
Je veux me plonger dans ses yeux bleus.
Contempler son regard amoureux.
Je suis sûre, je le sais, j'en suis persuadée.
Il y a dans ses yeux un Amour infini.
Plus grand qu'une galaxie,
Même l'Univers ne peut le contenir.
Le temps ne saurait le définir.
Aucun mot ne pourrait le traduire.
Les couleurs ne pourraient suffire.
Immensité sans limite.
Océan d'amour sans fin.
Profondeur de Paix où je voudrais rester.
Je ne saurais soutenir sa beauté,
Mais je ne pourrais m'arrêter de m'y plonger.
Alors mon cœur supplie au temps de s'arrêter.
Que ce moment ne s'arrête jamais,
Que cette sensation de bonheur soit gravé éternellement dans mon cœur.
Je veux pouvoir y repenser sans arrêt.
Son regard est une source inépuisable.
Une fontaine intarissable.
Et me dire que c'est moi qu'Il regarde ainsi,
Me fait rougir, me sentir si petite.
Moi qui ne suis rien,
Je ne mérite pas qu'Il pose une seule seconde ses yeux sur moi.
Pourtant mon âme le réclame.
Mon cœur ne désire que cela.
Mon esprit prie pour le voir.
Le regard de mon Seigneur,
C'est ce que je quête plus que tout.
Plus que ma vie,
Son regard est mon paradis.
Là où je désire séjourner toute mon éternité.

Seigneur !
Dieu de mon cœur,
Je n'adore et ne veux que Toi.
Mon cœur ne désire que Toi.
Mon âme est remplie de joie,
Allégresse et adoration pour le Roi des rois.
J'exalte le bonheur,
Je suis comblée par mon protecteur.
Je veux Te hurler mon amour.
Mon Dieu, comment exprimer pour Toi mes sentiments ?
Toi mon adoré, mon aimé, mon éternel amant.
Toi qui est la lumière dans la nuit et durant le jour.
Toi pour qui j'ai tant d'émotions.
Toi pour qui je veux bien perdre la raison.
Toi qui par amour, revit sans cesse la Passion.
Toi que Ta Gloire m'éblouit par ses rayons.
Mon Dieu je T'aime, est-ce un péché ?
Je ne Te vois pas, ni ne T'entends,
Et pourtant je ne veux que prononcer Ton Nom.
Du matin jusqu'au soir, Tu es le centre de toute ma vie.

Comme sortie d'un long sommeil,
À Toi Seigneur, je m'éveille.
Mes yeux ouverts, je regarde vers le Ciel.
Fixant et admirant Ta Lumière.

Des ténèbres où je dormais,
Tu es venue et je me suis réveillée.
Ton Amour m'élève,
Toujours plus haut, toujours plus loin,
Toujours plus près de Toi, mon Dieu que j'aime.

Mon Dieu, Tu es mon Soleil,
Toi seul, me réchauffe.
Je voudrais me rapprocher,
Tant pis si cela me brûle.

Je ne désire Te demander qu'une chose,
Pardonne-moi Seigneur, malgré mes défauts, j'ose :
C'est de vivre dans ton Cœur Seigneur.
Je ne demande que d'être consumer par les flammes de Ton Amour.

Seigneur Jésus, Tes Paroles sont un baume au cœur.
Je ne me lasse pas de les entendre.
Elles font mon bonheur
Un plaisir qui ne s'exprime pas.

Je me les répète à moi-même.
Je me les repasse en boucle.
Qu'elles rythment chaque instant de ma vie.

Je veux boire chaque mots de tes lèvres.
Me délecter de chaque syllabes.
Dévorer chaque phrases.
Les écoutes et en devenir ivre.
Ne plus rien entendre que Toi.
Que Tes Paroles soient encrées en moi.
Gravées dans mon cœur.
N'avoir foi qu'en cela.

Ce que j'aime par dessus tout,
Seigneur de mon cœur,
Amour infinie,
C'est quand Tu m dis « je T'aime ».

Seigneur, Dieu de mon cœur,
Je veux me réfugier dans Tes bras.
Je veux m'abriter auprès de Toi.
Loin des ténèbres, loin des ennuis de ce monde.

Ici, tout est dévasté.
Il n'y a plus rien.
Plus de vie, aucun chant.
Le silence et la mort seulement.

Viens Seigneur, viens me délivrer.
Viens me sauver, me tirer de ces abîmes.
Je veux m'envoler vers Ta demeure.
Et y séjourner sans fin.
Chanter tous les jours Tes louanges.
Te rendre grâce pour tous Tes bienfaits.
Servir avec tout mon amour, Sa Sainte Majesté.

Seigneur, mon cœur est prêt.
Il est à Toi et ne bat que pour Toi.
Seigneur, mon corps est lasse.
Fatigué du monde et déchiqueté.
Par Ton Amour viens le restaurer.
Seigneur, mes yeux se ferment.
Je n'ai plus de larmes.
Viens y mettre des larmes de joie.
Seigneur ma vie est à Toi.
Elle n'est que vide, misère et tristesse.
Je T'en prie viens me sauver de ma détresse.
Toi seul est mon secours et mon espoir.
Fais grandir en moi Ton espérance.

Seigneur que j'aime les paroles de Ta bouche.
Je veux les entendre tout au long du jour.
Je veux les faire mienne.
Les garder et m'en enivrer.
Je veux les chanter et m'en exalter.

Seigneur, Tes Paroles sont remplies d'amour.
Je veux le méditer chaque jour.
Je veux les entendre, que Tu me les répètes sans cesse.
Verse les aux creux de mes oreilles.
Que mon cœur les garde en son intérieur.

Seigneur, si j'ai de la tristesse...
Je Te donne ma tristesse.
Seigneur, si j'ai du tourment...
Je Te donne mon tourment.
Seigneur, si j'ai de la mélancolie...
Je Te donne ma mélancolie.
Seigneur, si j'angoisse...
Je Te donne mon angoisse.
Seigneur, si je pleure...
Je Te donne mes pleurs.

Seigneur, si j'ai de la joie...
Je Te donne ma joie.
Seigneur, si j'ai de l'espoir...
Je Te donne mon espoir.
Seigneur, si j'ai des rêves...
Je Te donne mes rêves.
Seigneur, si j'ai du courage...
Je Te donne mon courage.
Seigneur, si j'ai des forces...
Je Te donne mes forces.

Seigneur, je Te consacre toutes mes souffrances et mes peines.
Seigneur, je Te consacre tout mon bonheur, mon cœur et mon amour.
Je veux seulement être à Toi pour toujours.

À genoux de Tes pieds.
Je Te remets tout ce que j'ai,
Tout ce que j'étais,, je suis et je serais.
Je veux complètement T'appartenir,
Ô mon doux Jésus.
Mais je ne suis rien sans Toi, Seigneur.
Je T'en prie, comble mon cœur par Ton Amour et Ta Joie.
Que je sois toujours en Paix et cachée dans Ton Sacre Cœur.

Mon Dieu ton Amour est un brasier.
Il me consume et me dévore.
Tu envoie ton Esprit Saint.
Il m'enflamme et je brûle.
La source de ce feu est à l'intérieur.
Au plus profond de mon cœur.
C'est Toi qui la maintien pour me faire vivre.
Feu d'amour pour mon Dieu.
Feu de désir de Te rejoindre dans les cieux.
Plus le feu grandie, plus cette amour s'intensifie.
Et j'en redemande encore.
Malgré qu'elle me rassasie.
De ton Amour, Seigneur j'ai un gros appétit.
Je suis gourmande de Tes Grâces.
Je ne souhaite que d'être tienne.

Je suis noire,
Et mes émotions sont rouges pivoines.
Je suis laide, mais ton Amour rends mon âme belle.
À tes Paroles, mon cœur bat la chamade.
Tout en moi s'enflamme.

Seigneur, ton Amour me suffit.
C'est elle qui me fait vivre.
Je veux être malade d'amour pour Toi, mon doux Jésus.
N'avoir d'yeux que pour mon Bien-Aimé.
Toi, mon adoré, l'être tant espéré.

Ne vivre que pour T'aimer.
Ne savoir faire que T'adorer.
Inlassablement Te regarder.
Ne rien faire d'autre que Te louer.

Saint-Esprit,
Viens en mon cœur.
Viens panser mes pleures.
Viens calmer mes douleurs.
Viens me donner le courage quand j'ai peur.

Viens sanctifier ma vie.
Viens me purifier.
Viens me recouvrir de ton Amour.
Que je m'en perdre plus le goût.
Que mon esprit ne fait qu'un avec Toi.
Que je sois tout à Toi.

Et que par Toi, je puisse chaque jour chanter des louanges à mon Seigneur.
Qu'avec Toi, je puisse n'aime que Dieu.

Combien même, je serais au plus profond des ténèbres.
Combien même, je souffre dans mon cœur.
Combien même, la terre s'arrêterait de tourner.
Que les astres du ciel nous tombent sur tête,
Et que la vie s'arrête.
Mon Soleil, Lui, me s'éteindra pas.
Jamais Il me faiblira.
Pour toujours Il resplendira.
Il est éternel.
Il règne dans le ciel.
Il ne s'arrêtera jamais de briller.

Comme un phare dans la nuit.
C'est vers Lui que mon âme désire s'en aller.
Pour y reposer toute l'éternité.
Oublier le passé,
Ne pas se soucier de demain.
Être dans un présent remplie de tendresse et d'amour.
Toujours, les yeux fixés vers Lui.
Le cœur tourné vers Lui.
J'avance difficilement, mais sûrement vers mon rocher.
C'est là que je serais enfin en sécurité.
C'est là que tous mes désires se rejoignent.

Comme une lune attirée par son Soleil.
Je suis attirée vers Lui.
Et je n'ai pas l'envie d'y résister.
Je me laisse entraîner vers sa lumière.
Son attraction est la force qui me pousse à Lui.
Une fatalité inévitable.
Un rendez-vous que je ne veux pas manquer.
Une épouse qui retrouve son fiancé.
Voilà l'état de mon âme.

Je T'aime Dieu Papa Abba,
Je veux être toute entier à Toi.
Te donne chacun partie de moi.
M'abandonner totalement à Toi.
Sans retour, sans rien attendre.
Être avec toi chaque seconde.
Dans le silence ou dans le bruit.
Partout et nul part aussi.
Juste Toi et moi pour l'infinie.

Le parfum des fleurs est Ton Odeur.
La terre est le marchepied de Ton Trône.
Les rayons du soleil la chaleur de Ton Corps.
Le vent un murmure de Ta Voix.
Les êtres vivants ta Présence.
Le ciel est l'étendue de Ton Royaume.
Les éclaires montre Ta Puissance.
La mer célèbre Ta Force.
Ta Lumière est mon phare.
Seigneur que Tu es magnifique.
Je Te vois dans chaque chose.

Seigneur Dieu de mon cœur,
J'aime me pavaner devant Toi.
Rester des heures avec Toi.
Écouter Ton Silence.
Admirer Ta toute Puissance.
Louer Ton Nom par chaque battement de mon cœur.
Être aveuglée par Ta Gloire.
Réchauffer par Ton Amour.
Consoler par Ta seule Présence.
Ne plus être de ce monde.
Être seulement avec Toi, tes saints et Tes anges.
Voilà ce qui fait mon bonheur.

« Je suis noire, mais je suis belle ».
Oui noire, car j'ai carbonisé ma peau en restant devant toi.
Ton Feu a brûlé ma peau.
Mes yeux sont plus que limpides.
Ta Lumière les a rendu tout blancs.
Mes tympans se sont ouverts pour mieux apprécier Ta Voix.
Mon corps ne bouge plus.
Immobile comme une statue grâce à Toi.
Afin de mieux Te contempler.
Je ne suis plus moi.
Tous mes sens se sont arrêtés.
Je suis morte à moi-même.
J'ai voulu me noyant dans Ton Amour.
C'est Ton Amour qui me rends belle.
Et fait de ma dépouille une œuvre de Ta Création.
« Je suis noire, mais je suis belle »,
Et je suis surtout à Toi, mon Seigneur et mon Dieu.

ALAMELE Éloïse
31 rue d'Alger
13006 Marseille France
Tél : 07.63.37.00.07
Mail: a.eloise@hotmail.fr

Synopsis

"Poèmes à mon Bien-Aimé" :

Durant mes deux années de vie à Tokyo pour ma thèse de Recherche (entre 2019 et 2021), Dieu a bien voulu me faire grâce de me manifester particulièrement sa Présence. Deux ans où j'ai parlé de coeur à coeur avec Jésus, Le Père et l'Esprit-Saint. Deux ans pour me préparer, accuillir, accepter mon appel à la vocation et pour m'envoyer dans le monde et à me consacrer à Dieu. Deux ans d'Amour intense avec le Seigneur où ma Foi a fortement grandi et mûri. Deux ans qui ont littéralement changé ma vie. Deux ans où je me suis remise à réécrire des poèmes pour mon Bien-Aimé, afin de Lui exprimer ce que mon âme voudrait Lui dire/chanter : "D'heureuses paroles jaillissent de mon coeur quand je dis mes poèmes pour le roi d'une langue aussi vive que la plume du scribe !" (Psaume 44, 2).

Printed by Books on Demand GmbH, Norderstedt / Germany